# Werte

LebensKunst-Impulse
für die
Bewusstseins-Elite
von
Andreas Giger

AF286920

**Bibliografische Information der Deutschen Bibliothek**
Die Deutsche Bibliothek verzeichnet diese Publikation in der
Deutschen Nationalbibliografie; detaillierte bibliografische Daten
sind im Internet über http://dnb.ddb.de abrufbar.

Texte und Bilder von Andreas Giger

1. Auflage 2006
Satz und Gestaltung: Andreas Giger
Herstellung und Verlag: Books on Demand GmbH, Norderstedt,
www.bod.de

ISBN 3-8334-5133-5

*Für Angela,*
*die mich gelehrt hat,*
*wie wertvoll ein Mensch*
*mit all seinen Werten*
*sein kann.*

# Inhalt

# Werte für den Hausgebrauch

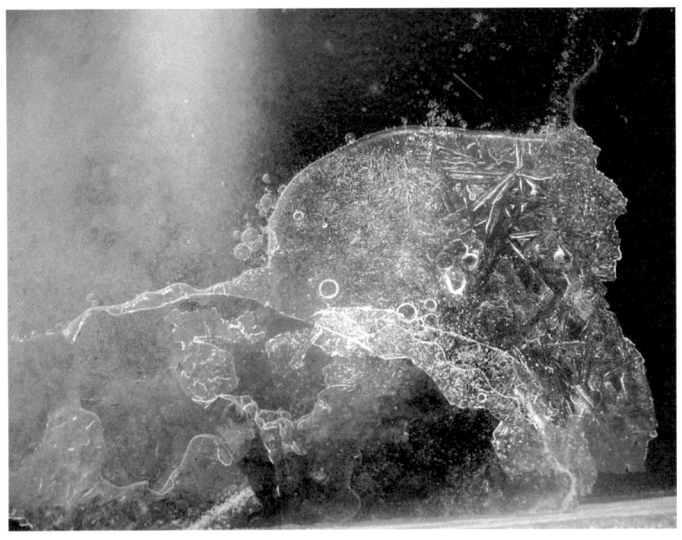

Welchen Wert könnte es haben, sich mit Werten zu beschäftigen? Die Antwort ist einfach: Weil dadurch Werte wie Selbsterkenntnis und Selbstbestimmung gefördert werden.

Etwas weniger einfach ist die Begründung dieses Versprechens. Werte hatten nämlich gerade bei einigermaßen aufgeklärten und liberalen Geistern eine Zeit lang nicht den besten Ruf. All zu sehr gemahnte das Wort an säuerlich vorgetragene Klagen über einen angeblichen Werteverlust, der in Wirklichkeit allenfalls ein Bedeutungsverlust der „alten" Werte war. Und noch unangenehmer klang die Beschwörung so genannter moralischer Werte, etwa in den USA, die eigentlich nur eines meinen, nämlich sehr rigide Vorstellungen von richtigem und falschem Sex. Mit solchen Werten konnte und wollte ein anständiger Mensch nichts zu tun haben wollen.

Für diese sehr einseitige Auslegung seiner Inhalte kann allerdings das arme Wort Wert nichts. Dabei ist es ein höchst interessantes Wort. Wertschöpfung und Wertsteigerung etwa stehen nicht nur in der Ökonomie hoch im Kurs. Es gibt äußere und innere Werte, und wert-voll sind keineswegs nur materielle Werte. Es gibt „höhere" Werte, wenn auch keine „niedrigeren". Und „wertlos" ist ein vernichtendes Werturteil, in den Büchern zur Pilzbestimmung ebenso wie überall sonst.

Ob auf der materiellen oder immateriellen Ebene - ständig sind wir am Bewerten. Wir entscheiden dabei, ob etwas wertvoll oder wertlos ist, und die Wahl zwischen verschiedenen Alternativen treffen wir danach, welche uns am meisten wert ist.

Wie aber entscheiden wir das? Was liefert uns den Maßstab dafür, wie viel uns etwas wert ist? Nichts anderes als unsere Werte. Werte sind der Maßstab dafür, was uns wie viel wert ist. Unsere Sprache kennt den Zusammenhang, wenn sie von Wertmaßstäben spricht.

Damit brauchen wir gar nicht weiter nach einer Definition von Werten suchen. Werte sind ganz einfach das, was uns etwas wert ist. Das kann möglichst viel Geld sein oder möglichst viel Freiheit - über Inhalte ist mit dieser Definition nichts festgelegt. Sie sagt „nur", wozu Werte gut sind: als Maßstäbe bei der Bewertung unterschiedlicher Alternativen.

Und genau deswegen waren, um noch etwas zu kalauern, Werte noch nie so wertvoll wie heute. Denn der Bedarf nach der Bewertung von Alternativen war noch nie so groß. Wir leben tatsächlich in der Multioptions-Gesellschaft, und das bedeutet, dass wir nicht nur zwischen zwanzig Zahnpastamarken mit hundert Variationen wählen können, sondern auch zwischen mindestens so vielen Möglichkeiten, unser Leben zu gestalten.

Und dabei zeigt sich das Doppelgesicht dieser hoch entwickelten Wahlfreiheit: Wir dürfen auswählen, aber wir müssen auch. Niemand nimmt uns die Entscheidung ab, ob wir in der Stadt leben wollen oder auf dem Land, in einer klassischen Familie oder doch lieber in einer Wohngemeinschaft.

Nicht einmal mehr die Entscheidung, ob wir mit aller Macht nach Selbstverwirklichung streben wollen oder doch lieber möglichst brave Bürger sein, entscheidet heut zu Tage irgend eine höhere Instanz. Wo früher kirchliche und staatliche Autoritäten darüber bestimmten, was die richtigen und gültigen Werte seien, da ist das Individuum heute auf sich selbst geworfen.

Wann immer vom Werte-Wandel die Rede ist, dann ist dies die größte Veränderung, die zudem innerhalb von nicht mehr als zwei oder drei Jahrzehnten eingetreten ist: Wir entscheiden über unsere Werte jetzt selber.

Das mag einem gefallen oder auch nicht, Tatsache bleibt, dass wir selber verantwortlich geworden sind für unsere Werte. Als Gestalter unseres Lebens wählen wir nicht nur die Wege zum Ziel selber, wir setzen auch diese Ziele autonom. Und wenn wir am Ende unseres Lebenswegs feststellen müssen, dass wir den falschen Zielen gefolgt sind, können wir niemanden anderen dafür verantwortlich machen, wir haben ganz einfach selber die falschen Werte gewählt.

Was dafür spricht, Aufmerksamkeit und Sorgfalt zu investieren, wenn wir unsere Werte wählen. Wobei wir uns diesen Prozess nicht so vorstellen dürfen, als säßen wir vor einem leeren Blatt Papier. Das Blatt ist längst voll geschrieben, das heißt, wir haben unsere Werte und nutzen sie auch ständig als Maßstäbe zur Bewertung von Entscheidungsalternativen. Wir können gar nicht anders als Werte zu haben und sie dann auch zu nutzen. Das funktioniert normalerweise gut und einwandfrei, so dass wir davon gar nichts mitkriegen. Wir orientieren uns an unseren Werten, ohne etwas davon zu merken, also unbewusst.

Wenn das mit unseren Werten also klappt, ohne dass wir uns bewusst damit befassen, warum sollen wir daran etwas ändern?

Autopiloten sind eine wunderbare Erfindung, so lange alles normal verläuft. Sie kennen das vom Autofahren: Mit einer gewissen Routine läuft es von selbst, ohne dass man die ganze Zeit daran denken muss. Doch wenn man plötzlich in einen Wolkenbruch gerät oder eine Polizeisirene sich nähern hört, ist unsere bewusste Aufmerksamkeit gefragt, und wir schalten den Autopiloten ab.

So ist es auch mit den Werten, denn die Zeiten sind nicht normal. In einem historisch unbekannten Maße sind wir herausgefordert, bei unserer LebensGestaltung ständig eine Auswahl zwischen unterschiedlichen Optionen zu treffen. Wofür wir auf unsere Werte als Orientierungs- und Entscheidungshilfe angewiesen sind.

Da lohnt es sich schon, sich gelegentlich bewusst zu fragen, welchen Werten wir dabei eigentlich folgen. Wenn wir wissen wollen, ob diese Werte noch tauglich sind für die Gestaltung unserer Zukunft, müssen wir sie kennen. Das wiederum bedeutet bewusste Reflexion über Werte, also nach- und vordenken darüber.

Dazu wollen die folgenden kleinen Texte anregen. Sie beinhalten die Früchte meines Denkens über elf meiner Lieblingswerte. Das müssen nicht Ihre Lieblinge sein, denn nur Sie können über Ihre Werte entscheiden. Ich möchte einfach zeigen, dass es sich lohnt und sogar Spaß machen kann, sich mit dem zu beschäftigen, was uns etwas wert ist. Werte sind nicht für das Wolkenkukkucksheim, Werte sind für den Hausgebrauch.

8

# Selbstverwirklichung

Auch Werte unterliegen Konjunkturzyklen. Als ich noch deutlich jünger war, hatte beispielsweise der Wert Selbstverwirklichung Hochkonjunktur. Scharenweise zogen die Menschen bewehrt mit dem flatternden Banner der Selbstverwirklichung in Tarot- und Töpferkurse, in sexuelle Abenteuer und neue Beziehungen, in Abenteuercamps und Ashrams.

Doch dann sanken die Kurse dieses Wertes rapide. Drastisch sichtbar wurde für mich diese Entwicklung bei einem Vergleich der Hitparaden der heißen Werte von 1998 und 2003, der einen massiven Absturz des Werts von Selbstverwirklichung zeigte.

Wie konnte es dazu kommen? Ursache für den Kursverfall war wohl ein doppeltes Missverständnis. Das erste bestand darin, dass Selbstverwirklichung mit Egotrip verwechselt wurde. Ein solcher walzt in der Regel seine Umgebung platt und wird deshalb mit Fug

9

und Recht schlecht bewertet. Diese Verwechslung führte zur Überreaktion. Jetzt glaubte man stattdessen, Selbstverwirklichung sei nur auf Kosten anderer zu haben.

Das zweite Missverständnis betraf das Objekt der Verwirklichung, das eigene Selbst. Statt sich zu fragen, was denn da eigentlich verwirklicht werden sollte, verwechselte man jeden Furz, der aus irgendeiner Triebblase aufstieg, mit dem eigenen Selbst, und hatte nichts Dringenderes zu tun als ihn alsogleich zu realisieren. Dabei ist das Selbst ein komplexes "Ding", nicht zu verwechseln mit einem seiner Teilaspekte.

So kam es, dass Selbstverwirklichung zur Optimierung von Nabelschau degenerierte; und dass das auf Dauer keine sehr attraktive Strategie von LebensGestaltung ist, versteht sich von selbst.

Damit verschwand Selbstverwirklichung von der öffentlichen Bildfläche. Und auch von meinem inneren Radarschirm, obwohl ich doch eigentlich bei näherer Betrachtung ein Leben lang nichts anderes betrieben habe ...

Bis ich auf eine mittlerweile nachgewachsene jüngere Generation traf, die unbelastet von der Geschichte des Begriffs ganz unbefangen wieder angefangen hat, Selbstverwirklichung einen attraktiven Wert zu finden. Diese Generation trat mir in Form einiger junger Forscherinnen in der Innovationsabteilung eines Telekommunikationsunternehmens gegenüber, die anregten, ich solle doch mein Orakel fragen, was es zu Selbstverwirklichung meine.

Mein Orakel SensoNet, das Netz von zukunftssensiblen Menschen, antwortete klar und eindeutig: Selbstverwirklichung ist (wieder) ein attraktiver Wert. Selbstverwirklichung ist wichtig für die eigene Lebens Qualität. Ein hohes Maß davon ist (für uns) erreicht.

10

Vor allem aber sind die beiden geschilderten Missverständnisse ausgeräumt: Selbstverwirklichung ist kein Egotrip, im Gegenteil, ohne ein funktionierendes zwischenmenschliches Netz ist sie undenkbar. Diese Einsicht hat sich weitgehend durchgesetzt.

Und zum zweiten heißt Selbstverwirklichung auch nicht mehr, einfach alles zu tun, was einem gerade in den Sinn kommt. Ihre Domäne ist vielmehr das eigene geistige Innenleben geworden, speziell die Frage, welchen Werten und Lebenszielen wir eigentlich folgen wollen. Das heißt, mittlerweile wird sehr wohl darüber reflektiert, welches Selbst es wert sei, verwirklicht zu werden.

Auch in äußeren Lebensbereichen wie etwa Beruf, Familie oder schöpferisches Tun ist Selbstverwirklichung ein wertvoller Wert, doch im Zentrum steht tatsächlich das eigene Selbst, verstanden als inneres System von Glaubensinhalten und Werten, von Lebenszielen und Denkmustern.

Wir können dieses System als Kern unserer Software betrachten, als deren Betriebssystem gleichsam. Der Vergleich hinkt allerdings in einem entscheidenden Punkt: In unseren PC's herrscht in Sachen Betriebs-system eine Monokultur. In unseren Köpfen dagegen eine ausgesprochen individuell vielfältige.

Selbstverwirklichung wäre demnach der Prozess, diesen individuellen inneren Kern zu realisieren, wäre das, was der Tiefenpsychologe C.G. Jung Individuation genannt hat. Und dafür wiederum gibt es eine ebenso schöne wie rätselhafte Formulierung: Werde die, die du bist (oder der, der du bist)!

Um das zu werden, was in uns angelegt ist, braucht es am Anfang jeder Selbstverwirklichung zunächst eine ordentliche Portion Selbsterkenntnis: Wer bin ich? Was macht mein Eigenes, mein Unverwechselbares aus?

Welche Anlagen stecken in mir, und zwar in dieser Mischung und Zusammensetzung nur in mir? Welche Werte und Ziele sind mir so viel wert, dass ich sie in meinem Leben realisieren möchte?

Das funktioniert allerdings nur selten nach dem Muster eines technischen Prozesses, in dem zunächst ein Plan festgelegt wird, um ihn dann zu realisieren. Manchmal müssen wir etwas ausprobieren, um herauszufinden, wie viel es uns wert ist. Und zum Glück ändert sich unser Kern, wandeln sich unsere Werte im Laufe eines Lebens, so dass sich auch unser Verständnis von Selbstverwirklichung immer wieder verändert.

Manche Stürme des Lebens zwingen uns auch zur Kursänderung. Das Ziel, uns selbst zu verwirklichen, brauchen wir deswegen nicht aus dem Auge zu verlieren, auch Kreuzen gegen den Wind kann sinnvoll sein, um diesem Ziel näher zu kommen.

Sich selber treu zu bleiben, muss also nicht Sturheit bedeuten – kann es aber gelegentlich sehr wohl. Wenn es um den Kern des eigenen Selbst geht, lohnt Beharrlichkeit, auch gegenüber Widerständen von außen und vom eigenen inneren Schweinehund.

Selbstverwirklichung kann also harte Passagen auf dem Lebensweg beinhalten, und ebenso erfreuliche und vergnügliche. Vor allem aber: Können Sie sich eine sinnvollere Art, Ihr Leben zu verbringen, vorstellen, als das zu verwirklichen, was nur Sie können, nämlich Ihr ganz eigenes, unverwechselbares Selbst? Eben.

Der große italienische Alpinist Walter Bonatti schrieb einmal: „Dort oben fühlte ich mich von einem Unternehmen zum anderen lebendiger, freier, wahrer: also verwirklicht." Wir brauchen nicht unbedingt auf Berggipfel zu steigen, um das zu erleben...

# LebensQualität

Wie merken wir eigentlich, ob wir auf dem Pfad der Selbstverwirklichung vorankommen, und vor allem, ob es dabei in die richtige Richtung geht? Das ist gar nicht so einfach, denn niemand nimmt uns diese Bewertung ab, wir sind dabei ganz und gar auf unsere eigenen Maßstäbe angewiesen.

Selbstverwirklichung allein taugt dazu nicht, denn genau genommen handelt es sich dabei eher um eine Form, ein Gefäß, und nicht um einen Inhalt. Um aber festzustellen, ob wir auf Kurs sind, brauchen wir einen inhaltlichen Wertmaßstab.

Als heißer Kandidat für diese Rolle wird derzeit das gute alte Glück gehandelt, ganz im Sinne der amerikanischen Verfassung, die bekanntlich jedem das Streben nach Glück ausdrücklich zubilligt. Neueren Datums dagegen ist die Glücksforschung, die danach fragt, was unser Glück fördert oder beeinträchtigt.

Der König von Bhutan hat neulich verkündet, ihm sei das „Bruttoglücksprodukt" seines Landes wichtiger als dessen Bruttosozialprodukt. Das macht ihn sympathisch, denn wer könnte ernsthaft etwas dagegen haben, dass die Menschen nach Glück streben, vielleicht sogar stärker als nach materiellen Werten. Jedefrau und jedermann nehmen auch gerne Tipps aus berufenem Munde dafür entgegen, was man für sein eigenes Glück tun kann.

Eine gesunde Portion Skepsis ist dennoch auch hier nicht zu verachten: Lohnt es sich wirklich, bei der eigenen LebensGestaltung alles auf die Karte Glück zu setzen?

Einiges spricht dagegen. Zum Beispiel die diffusen Grenzen zwischen „glücklich sein" und „Glück haben", was dazu führt, dass wir gerne glauben, das eine führe zum anderen. Unser Glück aber von einem Lottogewinn abhängig zu machen, erscheint nicht als besonders geglückte Strategie der LebensGestaltung.

Alle Lebenserfahrung lehrt zudem, dass Glück kein Zustand ist, sondern ein Moment. Könnten wir das weise akzeptieren, hätten wir kein Problem mit dem Glück. Können wir aber nicht, „denn alle Lust will Ewigkeit, will tiefe, tiefe Ewigkeit", wie Nietzsche ganz richtig konstatierte.

Und schon entwickelt die Jagd nach dem Glück Suchtcharakter. Kaum haben wir etwas davon erhascht, wollen wir schon mehr davon, hinter der nächsten Ecke könnte ja theoretisch der noch bessere Partner, das noch größere Glück warten. Das macht unser Streben nach Glück rast- und ruhelos und entfernt uns immer weiter vom ursprünglichen Ziel, Glück als Dauer-zustand zu finden.

Mit ihrer Steigerungslogik (es gibt immer noch ein Mehr, und das ist erstrebenswert) ähnelt die Jagd nach dem Glück damit erstaunlich dem suchtähnlichen Streben nach immer noch mehr materiellen Werten, das uns so lange beherrscht hat und es immer noch tut, obwohl wir längst wissen, dass materielle Werte ungeeignet dazu sind, unser Glück zu vermehren.

Glück scheidet also als Wertmaßstab für die Fortschritte unserer Selbstverwirklichung aus. Zum Glück steht schon eine Ersatzkandidatin bereit, auch wenn sie auf den ersten Blick so unscheinbar wirkt, dass man sie glatt übersehen könnte: LebensQualität.

Hier geht es – nomen es omen – um Qualität. In deren Reich gelten andere Maßstäbe als in der Welt der Quantität: Qualität lässt sich nicht messen, wohl aber spüren. Vor allem aber herrscht statt der Steigerungslogik eine Logik der Annäherung.

Der Unterschied zwischen den beiden ist jener zwischen maximal und optimal. Maximal ist gleichzusetzen mit „möglichst viel", optimal dagegen heißt möglichst nah am Punkt perfekter Balance. Während sich der Horizont des Maximums immer weiter entfernt, weil wir uns immer noch mehr vorstellen können, bleibt der Horizont des Optimums relativ stabil dort, wo wir unsere Vorstellungen von Perfektion ansiedeln.

Dabei ist uns (fast) immer klar, dass wir uns diesem Horizont wohl annähern können, ihn aber nie erreichen werden. Immerhin bildet er einen verlässlichen Maßstab dafür, ob wir auf unserem Lebensweg in die richtige Richtung vorankommen.

Gleichzeitig befreit uns dieses Wissen vom Zwang, immer noch mehr vom selben, und sei es Glück, zu wollen. Wer nach der Optimierung seiner Lebens Qualität strebt statt nach der Maximierung seines Glücks, wird dafür mit einem klaren Plus an innerer Ruhe und Gelassenheit belohnt. Und mit einem verlässlichen Kompass für die eigene LebensGestaltung.

Als ob das noch nicht ausreichen würde, macht auch der andere Teil des Wortes LebensQualität Lust darauf, diese zum Leitwert zu erheben: Leben.

Es geht bei LebensQualität unmissverständlich um die Qualität unseres eigenen Lebens, das immer vieles ist, eines aber sicher nie: eindimensional und berechenbar. Vielmehr ist es bunt und scheckig, von Höhen und Tiefen geprägt, chaotisch und geordnet zugleich.

Unser Leben ist in seinen Grundlagen genau so wie das unserer Mitmenschen, und in vielem sogar gleich dem unserer sonstigen Mitgeschöpfe, und doch zugleich einzigartig und unverwechselbar. Es ist erstaunlich stabil und doch stets auch im Wandel. Und dabei so vielfältig und komplex, dass niemand einen vollständigen Überblick darüber hat, nicht einmal wir selbst.

Das alles hindert uns nicht daran, ein untrügliches Gespür für unsere LebensQualität zu entwickeln. Obwohl wir nie befriedigend definieren können, was (für uns) LebensQualität eigentlich ausmacht, wissen wir ganz genau, ob sie da ist oder nicht. Und ob sie sich negativ oder positiv entwickelt, in ihren einzelnen Lebenssphären ebenso wie als Gesamtheit.

Und wenn wir uns mit anderen über dieses spannende Thema austauschen wollen, gelingt es uns sogar, unser Gefühl für unsere LebensQualität in eine allgemein verständliche Sprache zu übersetzen – ausgerechnet in jene der Zahlen. Etwa so: *Wenn Sie einmal die höchste LebensQualität, die Sie für sich denken können, mit dem Wert 100 beziffern: Wie hoch ist dann Ihre derzeitige allgemeine LebensQualität, ausgedrückt in einer Zahl zwischen 0 und 100?*

Die Frage kann sehr anregende innere wie äußere Dialoge anregen. Probieren Sie es mal aus...

16

# Liebe

Um den Abendbrottisch in der Toskana hatte sich eine beträchtliche Summe an Lebenserfahrung versammelt, als die Rede auf die Liebe kam. Diese sei, so meinte einer der Anwesenden, nach seiner Erfahrung vor allem eines: die Frucht guter Verhandlungen.

Woraufhin ich nicht anders konnte als zu entgegnen, die Liebe sei und bleibe für mich – jedenfalls auch – eine Himmelsmacht.

Lohnt es sich, der Frage nachzugehen, wer Recht hat, wo doch eh zu erwarten ist, dass es beide sind? Wollen wir Liebe wirklich in unser Werte-Portfolio aufnehmen, wo doch schon der Titel eines populären Romans verkündet, Liebe sei nur ein Wort?

Ein Wort, das wir reichlich inflationär benutzen. Wir lieben nicht nur unseren Partner, unsere Kinder und Eltern, sondern auch unsere Hobbys und unsere Heimat, unsere Haustiere, Autos und Lieblingsvereine.

17

Auf der anderen Seite wird die romantische Liebe mythologisch überhöht, ganze Zweige der Unterhaltungsindustrie leben von diesem rätselhaften Gefühl, das die klügsten und weisesten Köpfe Ströme von Gehirnschmalz und Tinte gekostet hat, ohne dass sich die Nebel darum herum auch nur im mindesten gelichtet hätten.

Doch genau auf diesem nebulösen Gefühl haben wir unsere ganze Kultur des Zusammenlebens von Mann und Frau aufgebaut, und davon abgeleitet auch jenes gleichgeschlechtlicher Partnerschaften: Legitimation und Sinnstiftung für Paarbeziehungen bestehen ausschließlich darin, dass sich die beiden lieben.

Das funktioniert erstaunlich gut – aber leider mit begrenztem Haltbarkeitsdatum. Was immer die oberflächlichen Gründe für gescheiterte Beziehungen sein mögen, im Grunde handelt es sich immer um das Drama gestorbener Liebe.

Dass romantische Liebe vor der ihr eigentlich zugedachten Zeit („bis dass der Tod uns scheidet") enden kann und dies oft auch tut, ändert nichts an ihrem Wert. Alle einschlägigen Befragungen, auch meine eigenen, zeigen, dass das Ideal der romantischen lebenslangen Liebe weiterhin sehr hoch im Kurs steht. Liebe ist mehr als ein Wort, Liebe ist und bleibt ein attraktiver Wert.

Und so stolpern wir denn von einer seriellen Liebe zur nächsten, immer wieder hoffend, diesmal sei es die wahre, die ewig währende, auch wenn sich allmählich die resignierende Einsicht einschleicht, das Ideal sei in unserem Teil des Multiversums vermutlich doch nicht zu erreichen.

Allerdings gilt die Vermutung, es gäbe keine schwarzen Schwäne, nur so lange, bis der erste entdeckt wird. Schwarze Schwäne in Form gelungener Liebe aber gibt es durchaus, was die Hoffnung darauf, es gäbe so etwas wie das Geheimnis der Liebe, und dieses ließe sich sogar entdecken, mit neuer Nahrung versorgt.

In den zahllosen real existierenden Ratgeberbüchern ist es wohl nicht zu finden, sonst sähen die Scheidungsziffern anders aus. Zweifellos gibt es am Markt lernbare Methoden und Techniken des zwischenmenschlichen Umgangs, welche das Zusammenleben enorm erleichtern und angenehmer machen können und deshalb nützlich sind. Eine erkaltende Liebe wieder anheizen können sie nicht.

Narrensichere Patentrezepte für die Liebe gibt es nicht, und das verweist uns sehr heilsam auf eine natürliche Grenze unseres Werte-Horizonts, nämlich auf die Grenzen von Freiheit und Eigenverantwortung. So sinnvoll es ist, dass wir alles in unserer Macht Stehende tun, um unser Leben nach unseren Werten zu gestalten, so leicht schlägt diese Haltung, wenn sie verabsolutiert wird, in Machbarkeits- und Größenwahn um.

Bei unserer LebensGestaltung liegt eben nicht alles in unserer Hand, ein geglücktes Leben ist immer eine Mischung aus Verdienst und Gnade. Ganz besonders gilt das für die Liebe.

Natürlich lebt die Liebe auch davon, dass wir Verantwortung für sie übernehmen. Es kann sich aber dabei nicht um die Verantwortung eines Technikers handeln, der eine Maschine nach seinen Vorstellungen zusammenbaut. Es ist vielmehr die Verantwortung eines Gärtners, der bei seinen Pflanzen für Licht und Nahrung sorgt, aber immer auch weiß, dass sie von alleine wachsen müssen – und wachsen.

Ein anderes Sinnbild für diesen Sachverhalt begegnet mir immer wieder auf meinen Wanderungen durch Wald und Flur – und in meinem Inneren. Auch als längst erwachsener Mann  tue ich  gelegentlich ganz von selbst das, was ich schon als kleines Kind getan habe, wenn ich einem Bach begegnet bin: Ich beginne, ihn von Steinen und Ästen und anderen Hindernissen frei zu räumen, damit er besser fließen kann.

Die andere Variante, also den Bach zu stauen, hat mich nie interessiert, zu selbstverständlich bestand für mich Sinn und Zweck eines fließenden Gewässers darin, zu fließen, und die einzig sinnvolle Intervention sei es demnach, ihn dabei zu unterstützen statt zu hemmen.

Je länger nun meine Erfahrungen mit einer langjährigen Liebesbeziehung andauern, die ich in ihrer Essenz als geglückt empfinde, desto stärker gilt für mich das Sinnbild vom Bach auch für die Liebe. Ihren grundsätzlichen Lauf können wir so wenig ändern wie wir einen Bach bergauf fließen lassen können, sie ist ein Naturereignis wie die Schwerkraft.

Das Fließen der Liebe stauen können wir sehr wohl, es geschieht mit ihr dann dasselbe wie mit gestautem Wasser, das alle Lebendigkeit verliert und faulig wird. Material für diesen Staumauerbau liegt in unseren Köpfen reichlich herum, etwa die Vorstellung, der Partner möge gefälligst die Güte haben, sich nach unserem Bild zu formen...

Indem wir in langer und geduldiger Kleinarbeit solche falschen Erwartungen beiseite räumen, geben wir umgekehrt der Liebe die Chance, freier und intensiver zu fließen. Einer Liebe notabene, die aus Quellen fließt, die jenseits unseres Vorstellungshorizonts liegen.

Früher wurde die horizontale Liebe zwischen zwei Menschen gleichsam in eine vertikale Dimension eingebettet, indem sie unter den Schutz des Göttlichen gestellt wurde. Vielleicht wäre es an der Zeit, der Liebe die ihr gebührende Wertschätzung einzuräumen, indem wir sie selbst als göttlich betrachten ...

Die ersten Schritte durch das Geröllfeld neben der Hütte fühlen sich an, als ob ich das Gewicht eines Mammuts hätte. Zu völlig unchristlicher Zeit aus viel zu kurzem Schlummer neben viel zu lauten Schnarchern geweckt, befindet sich der Körper noch in nachttrunkener Trägheit, findet nur schwerfällige Tritte durch das notdürftig von einer Stirnlampe erhellte Gelände. Erst allmählich läuft sich der Motor warm, fließt das Blut leichter, hebt sich die Stimmung von Geist und Seele.

Diese unauslöschliche Erinnerung aus meinen Bergsteigerzeiten kommt immer mal wieder hoch, wenn ich mich am Anfang eines kreativen Prozesses befinde.

Ganz egal, ob es sich um ein Forschungsprojekt handelt oder ein Fotobuch oder eine Familienfeier: Am Anfang steht immer die Idee eines Projekts, das wie der berühmte Lockruf des Berges lockend ruft: „Hallo, hier bin ich, komm her und entwickle mich!" Wie der wirklich angefressene Bergsteiger kann ich diesem Schallmeienklang der Gipfel einfach nicht widerstehen. Das muss nicht immer sofort sein, aber wenn seine Zeit gekommen ist, mache ich mich auf, das kreative Projekt zu entwickeln.

In meinem Leben hat Kreativität also einen hohen Stellenwert. Und damit bin ich nicht allein, Kreativität kommt schwer in Mode. Das hat gute Gründe: Etwas Eigenes nach seinen Werten und Vorstellungen zu verwirklichen, stiftet Sinn. Eigen-Sinn. Selbstverwirklichung auf dem weiten Feld der Kreativität tut gut und stört niemanden, kann im Gegenteil andere sogar anregen und bereichern. Kreativität ist also zu Recht ein wertvoller Wert.

Der Respekt diesem wertvollen Wert gegenüber gebietet es, sorgfältig und achtsam zu bedenken, worum es bei Kreativität eigentlich geht. Dabei sitzt uns ein hartnäckiges Vorurteil im Wege. Demnach ist das Idealbild des kreativen Menschen jener Typ mit Rauschebart und wirrem Haupthaar, der gleichsam aus dem Nichts etwas genial Neues schafft, sei es nun ein Kunstwerk oder eine Weltenformel.

Der kreative Mensch wäre demnach das Abbild des Schöpfergottes, dem es auf seiner Wolke langweilig wird, weshalb er beschließt, die Welt zu erschaffen, und dies dann mit ein paar Fingerschnipsern auch tut.

Und so träumen wir in unseren Allmachtsphantasien weiterhin davon, genial kreativ und innovativ zu sein – oder alternativ davon, es gäbe genug andere, welche diese Rolle übernähmen, um mit ihren Schöpfungen die Welt zu retten oder jedenfalls zu einem besseren Ort im All zu machen.

In diesem Bild ist Kreativität ein Blitz aus heiterem Himmel, der mitten im Kopf einschlägt – eine Ehre, die bekanntlich nur wenigen Auserwählten widerfährt. Wir Normalsterblichen können nur die Nase plattdrücken und zuschauen, wie das Wunder der Schöpfung aus dem Nichts geschieht. Schließlich kommt das Wort kreativ von erschaffen oder schöpfen.

Nun ist es vermutlich kein Zufall, dass die beiden Worte kreativ und innovativ weitgehend synonym verwendet werden. Innovation aber meint weniger Erschaffung als vielmehr Erfindung. In diesem Bild würde im kreativen Prozess also nichts aus dem Nichts erschaffen, es ginge vielmehr darum, etwas, was bereits unsichtbar da ist, zu (er-)finden, zu entdecken.

Wenn wir schon dabei sind, können wir ein weiteres aufschlussreiches Wort in unsere Überlegungen einbeziehen: Entwicklung. Was wörtlich nichts anderes heißt als auseinander wickeln. Wobei es etwa um dasselbe geht wie bei der Entfaltung.

Die moderne Physik, die ja kaum jemand versteht, hat ein hübsches und für einmal einleuchtendes Bild für das, was sie verborgene oder eingefaltete Dimensionen nennt: Wenn wir ein Blatt Papier, auf dem sich ein Text oder ein Bild befindet, fest einrollen, sehen wir es aus einer gewissen Distanz nur noch als weißen Strich, ein eindimensionales Ding ohne Informationsgehalt. Erst wenn wir es wieder entrollen – oder eben entwickeln – wird sichtbar, dass es sich um einen zweidimensionalen Informationsträger handelt.

Ein kreatives Projekt zu entwickeln, wäre demnach wie eine Entdeckungsreise in eine uns noch unbekannte Gegend. Es gibt sie schon, aber sie harrt noch unserer Entdeckung. Und Kreativität ist in diesem Sinne weder Zauberei noch Hexenwerk, sondern ganz einfach die Kunst – oder noch besser das Kunsthandwerk – eine bisher verborgene Dimension sichtbar und zugänglich zu machen.

So gern wir das auch hätten: Unser erhabener freier Wille ist dabei wenig nützlich. Kreative Prozesse lassen sich nicht per Knopfdruck in Gang setzen. Kreativität ist keine Frage des Wollens, sondern des Zulassens.

Wer schon mal das Glück hatte, kreativen Menschen bei ihren inneren Prozessen zuzuschauen, kommt oft nicht um Sprachbilder wie „tief in seine Welt abgetaucht" oder „ganz versunken in sein Tun" herum. Wie beim Stichwort Liebe sind wir damit auch bei der Kreativität in der Bilderwelt des Wassers gelandet.

Und die Ähnlichkeit geht noch weiter: Wie immer Menschen ihre eigenen kreativen Prozesse beschreiben, ein Begriff kommt immer vor: fließen. Man befindet sich im kreativen Fluss. Wenn es richtig läuft, dann fließt es. So ist das „Flow-Erlebnis", die Empfindung, mitten in einem Fluss zu sein, der von selber fließt, zur eigentlichen Metapher für kreative Prozesse aller Art geworden.

Womit wir unsere Betrachtung abkürzen können, indem wir uns an die Essenz des Bildes vom fließenden Bach erinnern: Wir können ihn weder herbeizaubern noch aufwärts fließen lassen. Wir können ihn stauen und behindern – oder wir können ihn bei Bedarf von störenden Hindernissen freiräumen, damit er kraftvoller fließen kann.

Mehr liegt nicht drin, aber auch nicht weniger. Das beiseite Räumen jener Steine, die unseren immer vorhandenen kreativen Fluss am Fließen hindern, kann beschwerlich sein. Doch wie der Blutkreislauf beim frühmorgendlichen Bergsteigen allmählich in Schwung kommt und uns damit freie Bahn auf die Gipfel ermöglicht, fließt Kreativität nach den ersten Mühen anstrengungslos von selbst und ermöglicht uns wunderbare Einsichten in Welten mit jenem Hauch von Frische, der unserem Leben immer wieder Sinn gibt.

Irgendwie gurgelt noch immer jenes muntre Bächlein in meinem Kopf herum, das uns schon bei den Werten Liebe und Kreativität einiges ins Ohr gerauscht hat. Die Astrologenzunft würde meine Obsession für das Bach-Bild wohl damit erklären, dass ich als im Sternzeichen des Krebses Geborener zum Element Wasser gehöre, und zwar explizit zum fließenden Wasser, wofür nun mal der Bach das beste Bild abgibt.

Wie dem auch sei, tatsächlich ist es so, dass ich fließende Gewässer liebe, in Natura ebenso wie als Denk- und Sprachbild. Würde ich diese Vorliebe verleugnen, wäre ich nicht authentisch, also nicht echt.

Echt, Sie: Wenn es darum geht zu beschreiben, worum es bei Echtheit geht, kann kaum ein anderes Sprachbild dem Bach das Wasser reichen. Um einem Kind die Sache zu erklären, reicht es, es zunächst zu einem künstlichen Kanal und dann zu einem echten

Bach zu führen. Schon in jungen Jahren wird es den Unterschied sofort erkennen.

Zunächst dominieren beim Kanal die geraden Linien, und die erscheinen uns künstlich und unecht, weil wir nicht nur von der Natur, sondern auch von unserem Leben her Anderes gewohnt sind: Dieses verläuft so gut wie nie schnurgerade geradeaus, sondern meistens auf gekrümmten und verworrenen Pfaden. Die Gerade ist eine künstlich erdachte Linie, natürlicher und damit echter kommen uns deshalb die fraktal gekrümmten und verbogenen Uferlinien eines Flusslaufes vor.

Und noch etwas stört uns am Kanal und vermindert den Eindruck von Echtheit rapide: die Abwesenheit von Zeit. Nicht nur wirkt der Beton wie für die Ewigkeit gemacht, auch die Geraden oder idealen Bogen sind Ausdruck einer zeitlosen Idee.

Der Bach aber war nicht immer da, und er wird schon morgen wieder etwas anders aussehen. Sein Verlauf und seine Uferlinien sind das Ergebnis einer langen Geschichte der Erosion, die weitergehen wird.

Im Antlitz des Baches ist der Fluss der Zeit gleichsam eingeschrieben, und das macht ihn für uns echt. So wie das gefurchte Antlitz eines alten Menschen echter wirkt als die glatte Haut eines ganz jungen Menschen, in der noch kaum Erfahrungen ihre Spuren hinterlassen haben.

Noch etwas lässt uns einen Bach, der in das Bett eines künstlichen Kanals eingezwängt ist, als nicht mehr echt empfinden: Der Bach ist nicht mehr er selbst, er passt nicht mehr zu sich. Er spielt eine Rolle, die ihm nicht liegt.

Vom Bach haben wir drei Elemente gelernt, die Echtheit ausmachen – auch beim Menschen. Etwas Echtes muss zunächst bestimmte Bedingungen erfüllen: Nur echt mit ... Oft mag das Natürlichkeit sein wie beim

Bach, Bedingung ist das nicht. Doch ob es um den Unterschied zwischen einem echten und einem unechten Lachen oder Produkt geht: Wir sind mit einem guten Gespür für Echtheit ausgerüstet und können entscheiden, ob die im jeweiligen Fall geltenden Bedingungen dafür erfüllt sind oder nicht.

Zweitens ist Echtheit immer an Geschichte geknüpft, an Herkunft und Entwicklung. Wer oder was auch immer echt sein will, muss eine stimmige und glaubwürdige Geschichte zu erzählen wissen. Eine aalglatte Oberfläche löst sofort Alarm aus, nur Dellen und Kratzer bieten Gewähr für den Zahn der Zeit und damit für echte Geschichte.

Drittens heißt beim Menschen echt, oder, um es modebewusster auszudrücken, authentisch zu sein, sich im Einklang mit sich selber zu befinden. Was nichts anderes heißt als: Die verschiedenen Ebenen, auf denen ein Mensch sich, seine Geschichte und seine Potenziale äußert, erzeugen bei einem authentischen Menschen einen harmonischen Klang.

Dieser Klang mag nicht allen gleich gut gefallen, aber er klingt in sich stimmig und damit echt. Ein Mensch steht in oder neben seinen Schuhen, unabhängig davon, wie hübsch diese sind.

Mit diesem Bild verstehen Sie jetzt auch, falls Sie dies nicht, wie zu erwarten, längst mindestens gefühlsmäßig getan haben, warum Echtheit tatsächlich ein wertvoller Wert bei der Gestaltung unseres Lebens und unserer selbst ist: Neben seinen Schuhen läuft es sich einfach reichlich unbequem und ineffizient...

Und so, wie sich eigene, innere Echtheit einfach besser anfühlt, ergeht es uns auch in der Außenwelt. Das Echte erscheint uns per se wertvoller als das Unechte, in der Welt der Waren ebenso wie in jener der Mitmenschen. Echt ist einfach echt gut.

Wenn Sie bei den letzten Seiten den Eindruck hatten, die beiden Worte „echt" und „einfach" seien überzufällig oft gemeinsam aufgetaucht, dann haben Sie Recht: Das ist kein Zufall. Echtheit und Einfachheit sind Geschwister, wirklich echt erscheint uns nur das, was alles Überflüssige weglässt und damit so einfach wie möglich ist.

Des eingedenk können wir getrost auf den uns angeborenen Sinn für das Echte vertrauen und uns derweil an der leicht abgewandelten Botschaft eines alten Kinderliedes erfreuen: Echt zu sein, bedarf es wenig, doch wer echt ist, ist ein König...

Um herauszufinden, was die Konsumentinnen und Konsumenten wirklich wollen, steckt die Wirtschaft eine Menge Geld in die Marktforschung. Zigtausende von Interviews werden durchgeführt, viel Gehirnschmalz und Rechnerleistung wird in hochkomplexe Analysen gesteckt, um auch noch den letzten winzigen Konsumwunsch zu entdecken.

Ich hege allerdings zunehmend den Verdacht, dass die meisten Unternehmen gar nicht wirklich wissen wollen, was die Menschen beim Konsum eigentlich bewegt. Täten sie dies nämlich, müssten sie sich unweigerlich für die Wurzeln menschlicher Orientierungs- und Entscheidungsprozesse interessieren – also für die Werte der Menschen.

Dann fänden sie leicht heraus, dass es einer zunehmenden Zahl von Menschen auch beim Konsum verstärkt primär um den Wert LebensQualität geht.

Es gibt auch beim Konsum so etwas wie LebensQualitäts-Killer und LebensQualitäts-Förderer.

Gräbt man jetzt noch etwas tiefer und fragt, was denn die Konsumentinnen und Konsumenten beim Einkauf und Konsum vor allem erwarten, auf welchen Wert sie besonderes Gewicht legen, dann stößt man (neben der selbstverständlich erwarteten Qualität von Produkten und Dienstleistungen) vor allem auf einen Wert: Respekt.

Was das bedeutet, erschließt sich am besten aus den Klagen über mangelnden Respekt gegenüber den Kunden: Zeit-Klau. Nicht ernst genommen werden. Beleidigungen für Auge und/oder Verstand. Übergriffige Verkaufsmaßnahmen. Und, wörtlich: Wenn nicht meine Werte zählen, sondern nur mein Geld.

Damit haben wir einen Katalog dessen beisammen, was Respekt ausmacht, den Sie wohl problemlos unterschreiben könnten: Respekt heißt, den anderen in seiner Individualität ernst zu nehmen, besonders seine Werte. Übergriffigkeiten oder Zeit-Klau verbieten sich damit von selbst.

Solchen Respekt erwarten wir natürlich nicht nur beim Konsum, sondern auch am Arbeitsplatz, in der Familie, im Freundeskreis und im Umgang von Kollektiven aller Art miteinander. Es braucht nicht viel Phantasie für die Vorhersage, Respekt könnte zum wichtigsten Leitwert für das menschliche Miteinander werden.

Um so etwas wie einen gesellschaftlichen Zusammenhalt auch in Zeiten einer immer noch zunehmenden Individualisierung zu gewährleisten, brauchen wir soziale Werte. Die simple Devise „was du nicht willst, das man dir tu, das füg' auch keinem andern zu" ist zwar richtig und wichtig, für sich allein jedoch zu defensiv, um als ausreichende Werte-Basis für ein gedeihliches menschliches Zusammenleben dienen zu können.

Gegenseitiger Respekt ist ein Wert, der diese Rolle einnehmen könnte, ja muss, weil wir längerfristig in Wirtschaft und Gesellschaft auf Formen des Miteinanders zusteuern, die immer weniger mit Hierarchien und Machtgefälle zu tun haben und immer mehr mit Strukturen der Vernetzung.

Erfolgreich vernetzen aber kann man sich nur mit jemandem, dem man auf gleicher Augenhöhe begegnet, in einer Form von Beziehung, Austausch und Kommunikation, die von gegenseitigem Respekt geprägt ist. Respekt ist der unabdingbare soziale Kitt von Netzwerken.

Und Respekt ist die einzige Basis, auf der starke individuelle Persönlichkeiten eine Beziehung aufbauen können. Respekt beginnt ja immer mit der Anerkennung der Andersartigkeit des Gegenübers, mit dem bewussten Entscheid, darin mehr eine Chance als eine Bedrohung zu sehen.

Das wiederum setzt Selbst-Bewusstsein und Selbst-Sicherheit voraus, denn nur, wer sich seiner sicher ist, fühlt sich in seiner Identität nicht bedroht, wenn andere andere Selbstverständlichkeiten haben. Und ist andererseits fähig, eine Grenze zu ziehen, wenn der oder die andere übergriffig wird.

Respekt ist keine Einbahnstraße. Wer immer nur von anderen Respekt einfordert oder einklagt, ohne selber etwas davon einzubringen, macht sich lächerlich. Doch auch das Umgekehrte gilt: In unseren Beziehungen haben wir sehr wohl das Recht, einen Mindeststandard an Respekt zu erwarten – und die Beziehung notfalls aufzukünden, wenn uns dieser nicht entgegen gebracht wird. Ohne gegenseitigen Respekt läuft nämlich nichts.

Wenn Respekt ein so wertvoller Wert ist, liegt die Frage nahe, was wir tun können, um ihn zu fördern. Den Wert hoch zu halten, gegenüber anderen ebenso wie gegenüber sich selbst, ist das eine. Nach dem Motto zu handeln „schenke ein Lächeln, und du bekommst eines", ist ein zweites, denn das funktioniert natürlich auch mit Respekt.

Wenn wir schon beim Austauschen von Wörtern sind, finden wir in der berühmten biblischen Devise „liebe deinen Nächsten wie dich selbst" einen weiteren Tipp. Dieser Hinweis auf die enge Verzahnung von Selbst- und Nächstenliebe hat nämlich Gültigkeit weit über seine christliche Fundierung hinaus.

Nun ist Liebe allerdings ein hoher Anspruch. Wir können nicht alle unsere Mitmenschen lieben, und auch uns selbst lieben wir nicht in jedem Moment gleich stark, ja, manche Aspekte von uns kommen uns reichlich fremd und wenig liebenswert vor.

Ersetzen wir Liebe durch Respekt, lautet das Motto jetzt: „Respektiere deinen Nächsten wie dich selbst!" Das klingt doch schon wesentlich realistischer...

Auch die weniger geliebten Seiten von uns selbst können wir wenigstens respektieren. Wir können lernen, sie zu akzeptieren, ohne sie ständig bewerten zu müssen. Und wir können, wenn wir sie doch ändern möchten, den feinen Unterschied zwischen überreden und überzeugen erkennen und anwenden.

Echten Respekt für sich selber zu entwickeln, ist die beste Schule für den Respekt für andere. So wird unversehens aus einem Wert, der wie kein anderer für die Außenwelt geschaffen schien, doch auch wieder einer für die Innenwelt.

# Lebensfreude

Was ist bloß aus der guten alten Spaßgesellschaft geworden? Neulich fiel mir ein Buch in die Hände, das ich schon in den Achtzigern geschrieben habe. Sein Untertitel lautete: „Bewusstseinserweiterung macht Spaß!" Das würde ich heute kaum mehr machen, zu abgewirtschaftet klingt dieses „Spaß".

Natürlich gibt es sie noch, die Überreste der Spaßgesellschaft, doch finden sie sich nicht mehr im kulturellen Mainstream, sondern in den Niederungen der Trash-Kultur, wo es bekanntlich ziemlich anrüchig riecht.

Fern scheinen schon jene Zeiten, in denen „to have fun" der oberste Leitwert war. Das Lachen ist uns im Halse stecken geblieben, ernster ist unser Leben geworden, heiter ist oft nicht mal mehr die Kunst.

Geht das jetzt so weiter? Streben wir bald nur noch nach edlen Werten des Guten, Wahren und Schönen?

Haben Vergnügen, Spaß und Lust keinen Platz mehr in unserem Werte-Universum? Droht uns also eine graue, freudlose Zukunft?

Gemach. Spaß ist als zentraler Leitwert zwar wirklich weg vom Fenster. Wellness übrigens auch, seit es sogar Wellness-Schnitzel gibt. Doch die frohe Kunde ist: Es gibt etwas Besseres, das mindestens so viel Spaß machen kann: Lebensfreude.

Mein Orakel SensoNet setzt Lebensfreude über die Jahre hinweg konstant aufs Siegertreppchen, das heißt auf die Plätze zwei oder drei der Hitparade der heißen Werte. Das kann kein Zufall sein.

Tatsächlich gibt es eine Reihe von guten Argumenten dafür, dass Lebensfreude als Leitwert für die eigene LebensGestaltung deutlich besser geeignet wäre als Spaß.

Da wäre zunächst der Geltungsbereich: Spaß ist immer nur momentan und punktuell, Lebensfreude umfasst das ganze Leben. Spaß gleicht der ebenso heftigen wie flüchtigen Hitze eines Strohfeuers, Lebensfreude der lange anhaltenden Wärme eines Gluthaufens. Was uns auf Dauer besser wärmt, ist keine Frage.

Spaß braucht immer das Laute und Spektakuläre, während Lebensfreude sich auch aus Leisem und ganz und gar Unspektakulärem ergeben kann. Aus dieser Eigenschaft ergibt sich auch das Suchtpotenzial von Spaß: Kaum ist der letzte Spaß vorbei, wollen wir gleich den nächsten, am besten mit einer hübschen Steigerung der Dosis.

Für Lebensfreude dagegen gilt nicht das Prinzip der Maximierung, sondern der Optimierung. Um sie uns zu erhalten, müssen wir nicht immer weiter und weiter, es geht vielmehr darum, bei uns selbst anzukommen.

Spaß tut alles, um seine Gegenstücke wie etwa Langeweile auszuschließen. Lebensfreude dagegen will diese Gegenpole integrieren. Wer Lebensfreude zum Leitwert erkoren hat, weiß sehr wohl, dass kein Leben nur aus Freude besteht, akzeptiert, dass es auch Zeiten von Leid oder bloßer Unlust gibt, und lässt sich deswegen seine grundsätzliche Lebensfreude nicht verdrießen.

Spaß gehört natürlich auch zu einem solchen Leben, aber der Zwang, ständig noch mehr Spaß haben zu müssen, entfällt. Lebensfreude ist ein grundsätzliches Lebensgefühl, das nicht ständig seinen höchstmöglichen Pegelstand erreichen muss.

Zu diesem Lebensgefühl gehört das, was mit einer hübschen Formulierung als illusionsloser Optimismus bezeichnet wird. Diese Haltung sieht sehr wohl die Realitäten, lässt sich aber nicht davon abbringen, stetig auch nach hoffnungsfrohen Informationen und Zeichen Ausschau zu halten.

Dass diese Haltung Wohlbefinden und Kreativität fördert und darüber hinaus ganz einfach gesund ist, ist längst bekannt. Was Wunder, dass Lebensfreude ein wertvoller Wert ist.

Nun haben solche Erkenntnisse leider die Tendenz, ins Zwanghafte umzukippen. Kaum wird irgendwo etwas entdeckt, was gut für uns Menschen sein könnte, entsteht ein wachsender Druck, dass wir alle danach streben sollten. Wer heute nichts für seine Fitness tut, gilt schnell als asozialer Außenseiter.

Ähnliches gilt auch für Optimismus und Lebens-freude. Kaum jemand wagt es noch, nicht mindestens so zu tun, als würde man seine ganze Freizeit in diese hohen Werte investieren. Dabei ist eines klar: Weder Optimismus noch Lebensfreude entfalten sich unter Druck.

Überhaupt: Die Fähigkeit zur Lebensfreude ist nicht so viel anders als jene, Geige zu spielen oder einen Ball zu treten. Wie alle menschlichen Fähigkeiten ist sie ungleich verteilt. Das fängt schon beim Talent an: Manchen ist es angeboren, anderen nicht. Es geht mit den Erfahrungen der eigenen Lebensgeschichte weiter: Manchen gab diese viel Gelegenheit, Lebensfreude zu üben, anderen weniger. Und es endet noch nicht mit der aktuellen Situation, die den einen viel Grund zur Lebensfreude bietet, anderen aber gerade das Gegenteil beschert.

Auch die objektiven Zukunftsaussichten wären noch mit einzubeziehen. Klar wird jedenfalls: Die Fähigkeit zur Lebensfreude ist zwangsläufig ungleich verteilt, weswegen wir niemanden negativ bewerten dürfen, bloß weil er gerade weniger Lebensfreude ausstrahlt, als wir es uns wünschen – eine Aussage übrigens, die wir ruhig auch vor dem Spiegel wiederholen dürfen.

Ein Freibrief für Miesepeterei sollte das allerdings auch nicht sein. Bei allen Unterschieden in Talent und Übungsgeschichte haben wir doch stets die Möglichkeit zum Training. Das gilt für unsere Muskeln ebenso wie für den Muskel Gehirn. Es ist heute unbestritten, dass unser Gehirn bis ins hohe Alter plastisch, das heißt lernfähig ist. Und wie eine vielbefahrene Straße bessere Chancen hat, unterhalten und ausgebaut zu werden als ein kaum benutzter holpriger Waldweg, so werden auch die Synapsenverbindungen in unserem Gehirn stabiler und leistungsfähiger, wenn wir sie öfter benutzen. Das heißt, wenn wir üben.

Gelegenheiten, unsere Fähigkeit zur Lebensfreude zu trainieren, gibt es überall und jederzeit. Sie liegen buchstäblich am Wegesrand, jene kleinen und nur scheinbar unbedeutenden Dinge und Begebenheiten, die uns für einen Moment Freude schenken. Wir brauchen nur die Augen dafür offen zu halten.

Für Mauerblümchen ist der Verweis auf den Wert der sogenannten inneren Werte oft ein schwacher Trost. Wenn das Äußere gar zu unscheinbar oder unattraktiv wirkt, ergibt sich gar keine Gelegenheit, diese inneren Werte überhaupt wahrzunehmen.

Der Wert Balance ist ein solches Mauerblümchen. Mit seinem Image steht es nicht zum Besten. Aufrufe, für Balance im Leben zu sorgen, klingen altjüngferlich verstaubt, etwas vergrämt und auf jeden Fall weitab vom prallen Leben.

Einen Lichtblick immerhin gibt es. Neuerdings ist in Diskussionen rund um LebensGestaltung und Lebens Qualität immer öfter von „work-life-balance" die Rede, einer Balance, die für die langfristige und nachhaltige Sicherung von LebensQualität unabdingbar sei.

Das Beispiel lehrt uns, dass es sich auch bei Werten immer lohnt, nachzufragen, worum es da eigentlich geht.

Zwischen was soll hier eine Balance hergestellt werden? Zwischen Arbeit und Leben? Ja, gehört denn die Arbeit nicht zum Leben? Leidet unsere LebensQualität vielleicht nicht gerade daran, dass wir so scharf zwischen Arbeit und dem eigentlichen Leben unterscheiden?

Vielleicht haben wir aber auch einfach ein falsches Bild von Balance vor unserem inneren Auge. Wir stellen uns nämlich darunter noch immer die gute alte Balkenwaage vor mit ihren zwei Schalen, in denen sich Gewichtssteine befinden. Oder sonst etwas, wobei sich auf jeden Fall zwischen den Inhalten der beiden Waagschalen eine klare Trennungslinie ziehen lässt.

Als Vor-Bild sollten wir uns stattdessen lieber das Leben selbst nehmen. Alles biologische Leben funktioniert nach dem Prinzip der Homöostase, das heißt eines dynamischen Gleichgewichts. Gerät dieses Gleichgewicht über gewisse Grenzen hinaus aus dem Ruder, erlischt das Leben, wie wir bei Unterkühlung oder zu hohem Fieber leicht sehen können.

Bei diesem dynamischen Gleichgewicht geht es nicht einfach um den Ausgleich zwischen zwei entgegengesetzten Polen, vielmehr um die Balance in vielen verschiedenen Dimensionen, und der ideale Punkt von Balance ist keineswegs immer derselbe.

Ganz ähnlich ist es in unserem Leben. Dieses besteht ja nicht nur aus Arbeit und „Freizeit". Auch unsere kreativen Bedürfnisse oder unser Wunsch nach Ruhe wollen zu ihrem Recht kommen. In unseren menschlichen Beziehungen geht es immer auch um die Balance zwischen Nähe und Distanz. Innen- und Außenwelt wollen in Balance gehalten werden. Und all das führt zu Gleichgewichtslösungen, die sowohl kurzfristigen Schwankungen unterliegen als auch langfristigem Wandel. Wie beim Seiltanzen ist dabei das Gleichgewicht beim Gehen leichter zu halten als beim Stehen.

Das alles ist eine ungeheuer komplexe Herausforderung, die uns ganz schön was abverlangt. Das ist auf jeder Ebene so. Ein sehr erheblicher Teil unserer Gehirnkapazität wird für nichts anderes gebraucht, als die Balance zu halten, wenn wir sitzen, stehen oder gehen. Mich würde wirklich mal interessieren, was eigentlich die Gehirne der Delphine mit all der überschüssigen Kapazität tun, die frei wird, weil die Herausforderung der Schwerkraft im Wasser doch einiges geringer ist als zu Lande ...

Wie dem auch sei: Wir wissen auch, dass es nicht anders geht, als die Herausforderung, Balance zu halten, anzunehmen. Was geschieht, wenn ein Teil ohne Rücksicht auf das Ganze wuchert und sich ausbreitet, so dass dieses Ganze aus dem Gleichgewicht gerät, sehen wir eindrücklich, wenn jemand an Krebs erkrankt. Und dass auch seelisches Ungleichgewicht krank machen kann, ist erwiesen.

Balance ist aber mehr als die Vermeidung von Ungleichgewicht. Wenn wir das erreichen, was wir inneres Gleichgewicht nennen, verbessert sich unsere LebensQualität, wirken wir echter, sind wir gelassener und souveräner, fließen Liebe und Kreativität leichter, behandeln wir andere wie uns selbst mit mehr Respekt.

Balance wird so zu einem Schlüssel-Wert, der mit anderen attraktiven Werten in enger Wechselwirkung steht: Die einen sind nicht ohne die anderen zu haben. Was in sich schon wieder ein Indiz für den Wert des Werts Balance ist.

Wie immer ist es einfacher, eine solche Erkenntnis zu gewinnen, als sie ins eigene Leben umzusetzen. Wenn wir daran denken, was alles in unserem Leben ins Gleichgewicht gebracht werden will, kann uns ganz schwindlig werden. Doch zum Glück ist unser bewusstes Denken nicht das einzige Instrument dafür.

Würden wir nur atmen, wenn wir bewusst daran denken, wäre uns längst die Luft ausgegangen. So verhält es sich auch, wenn es um unsere Balance geht. Die regelt sich in der Regel von selbst.

Wenn wir willentlich in diesen Prozess eingreifen, kann das Gleichgewicht gefährdet sein. Kommt etwa unser Körper auf irgendeine Weise zu kurz, meldet er sich. Zunächst mit leisen Signalen, und wenn wir diese ignorieren, immer etwas lauter, was bei penetranter Missachtung zur Höchststrafe des verfrühten Exitus führen kann.

So weit muss es nicht kommen. Wir haben nämlich durchaus einen angeborenen Sinn für Gleichgewicht und, eng damit verknüpft, für das richtige Maß. Wie jeder Sinn kann auch dieser durch Übung geschärft werden. Wir können lernen, unseren Sinn für das richtige Maß und für dynamische Gleichgewichte in unserem Leben zu verfeinern.

Diese Investition in LebensKunst lohnt sich. Balance ist nicht nur in sich selbst ein wertvoller Wert, sondern auch deshalb so wichtig, weil unser Streben nach anderen wertvollen Werten buchstäblich hinfällig wird, wenn wir aus dem Gleichgewicht und ins Stolpern geraten.

# Reifung

Über Reife und Reifung habe ich mittlerweile so viel geschrieben, dass ich nicht mehr genau weiß, ob das Thema nun ausgereift ist oder ausgereizt. Macht aber nichts, denn ich habe auf jeden Fall noch ein bisher zu kurz gekommenes Argument für den Wert Reife einzubringen: Es macht ganz einfach Vergnügen, anderen und sich selbst beim Reifen zuzugucken.

Das wusste der Bauer natürlich schon immer, wenn er sein Korn und seine Äpfel beim Reifen beobachtet hat. Und die Weinlieberhaberin kennt das Vergnügen, der Reifung eines guten Tropfens mit allen Sinnen zu folgen.

Dass es auch so etwas wie ein menschliches Reifen geben könnte, beim Einzelnen ebenso wie bei Gemeinschaften, ist auch keine ganz taufrische Vermutung. Es fällt uns heute nur leichter, sie zu bestätigen.

Als Zukunftsforscher bin ich es gewohnt, längere Entwicklungszeiträume ins Auge zu fassen und einen möglichst unvoreingenommenen Blick auf die Entwicklungen im Einzelnen wie in der Gesamtheit zu richten. Dabei komme ich zu einem Schluss, den ich mit den meisten Berufskollegen teile, und der deshalb nur notorische Schwarzseher überraschen kann: Unsere Welt ist insgesamt reifer geworden.

Sie werden mir mit Leichtigkeit ein einzelnes Beispiel nennen können, das scheinbar das Gegenteil beweist. Doch bei aller verständlichen Nostalgie nach früheren Lebensformen bleibt die sogenannte gute alte Zeit eine Mär.

Wer etwa in Europa könnte sich ernsthaft nach den Zeiten zurück sehen, als sich die Europäer die Köpfe blutig schlugen, statt sich am Verhandlungstisch in Brüssel mühsam Schrittchen für Schrittchen zusammen zu raufen?

Das Beispiel zeigt überdeutlich, dass Reifungsprozesse weder schön geradeaus verlaufen noch in großen Sprüngen, sondern meist auf ziemlich verwirrlichen Bahnen und in kleinen Schritten, zu denen immer wieder auch Rückschritte gehören.

So läuft es nicht nur in der großen weiten Welt, sondern auch in unserer nächsten Umgebung. Sie dürften so wenig wie ich Menschen kennen, deren Reifungsprozesse schön geradeaus und damit vorhersehbar verlaufen. Vielmehr gehört zu Reifung offenbar nicht nur immer eine Portion Chaos, sondern auch gelegentlich der Krebsgang: einen Schritt vor, zwei zurück. Oder war es umgekehrt?

Trotz all dieser Einwände ist Reifung sichtbar. Nicht spektakulär und sofort augenfällig, vielmehr oft eher im Verborgenen blühend und damit nur für das geschulte Auge erkennbar. Wobei ich aus eigener Erfahrung beitragen darf, dass unsere Augen dabei über eine erstaunliche Lernfähigkeit verfügen ...

42

Am einfachsten und gleichzeitig am schwersten, Spaß durch das Beobachten von Reifung zu gewinnen, ist der Zugang über Selbstbeobachtung. Einfach, weil kein anderes Beobachtungsobjekt so leicht und so häufig zugänglich ist wie das eigene Selbst. Schwer, weil auch das Zuschauen bei der eigenen Reifung gelernt sein will.

Dafür müssen wir uns zunächst die grundsätzliche Möglichkeit zugestehen zu reifen. Wenn wir von vornherein davon überzeugt sind, mit zunehmendem Alter würde ohnehin alles schlechter, dürfte der Blick für die kleinen unscheinbaren Pfänzchen der eigenen Reifung ziemlich versperrt sein.

Genau so wenig hilft übrigens das umgekehrte Vorurteil: Nicht alles Neue ist zwangsläufig besser. Es ist zunächst einfach nur anders.

Nach meinen eigenen Erfahrungen ist die hilfreichste Grundhaltung bei der Beobachtung der eigenen Entwicklung jene einer „wohlwollenden Neutralität". Ich glaube nicht, dass man reifen kann, ohne ein liebevolles Grundgefühl sich selbst, dem Leben und dem Wandel gegenüber zu empfinden. Und umgekehrt zeugt es nicht von Reife, sich selbst immer nur in beschönigendes Licht zu tauchen und den Sinn für die eigenen Schatten verkümmern zu lassen.

Wenn Sie mit dieser Grundhaltung auf Ihr Leben zurückblicken und ein Gespür dafür entwickeln, was sich derzeit darin tut, werden Sie mit hoher Wahrscheinlichkeit Muster von Reifung entdecken. Das heißt ohne Umschweife: Sie erkennen nicht nur, dass vieles in Ihrem Leben anders geworden ist. Sie entwickeln vielmehr auch eine unerschütterliche Gewissheit, dass sich vieles davon tatsächlich zum Besseren entwickelt hat.

Nehmen wir ein ganz direktes Beispiel, das Schreiben über Reifung und Reife. Früher hätte ich für das, was ich hier gerade sage, Dutzende von Seiten gebraucht, hätte alles mehrfach abgesichert und wäre da und dort einem interessanten Seitenpfad gefolgt.

Heute reichen mir dazu ein paar wenige Zeilen. Das schont Ihre und meine Zeit und erspart ein paar Bäumen das Schicksal, als Papierholz zu enden. Es handelt sich also insgesamt um einen Fortschritt.

Mein Schreiben ist mit anderen Worten gereift. Und somit ist der Beweis erbracht, dass es so etwas wie Reifung gibt. Viel mehr gibt es dazu nicht zu sagen.

# Weisheit

Mein kretischer Freund pflegt in Diskussionen philosophischer und anderer Art in seinem guttural angehauchten Englisch gerne einzuflechten: „This would not be very wise!" (das wäre nicht sehr weise). In der Kultur, welche die Philosophie, also die Liebe zur Weisheit, erfunden hat, ist der Ruf des Wertes Weisheit offenbar ungebrochen.

Wir eher nüchternen Mitteleuropäer haben ein gespalteneres Verhältnis zum Wert Weisheit. Einerseits wirken starke archetypische Bilder nach, jene von der alten weisen Frau oder vom weisen Alten vom Berge, und wir stellen uns Weisheit vor als Gipfelpunkt möglicher menschlicher Entwicklung.

Von diesem Gipfel aus ließe sich in unserer Vorstellung die Welt völlig abgeklärt betrachten, nichts Menschliches wäre uns mehr fremd und wir wüssten, was die Welt im Innersten zusammenhält.

Nur: Bei näherer Betrachtung stellen wir uns diesen Zustand ziemlich langweilig vor. Wenn uns nichts mehr erschüttern kann, kann uns auch nichts mehr jubeln lassen, und stetige Abgeklärtheit ist auf Dauer auch nicht abendfüllend.

Dazu kommt ein gesundes Misstrauen gegenüber großen Begriffen, und Weisheit ist zweifellos ein solcher. Solche Werte erscheinen uns unendlich weit weg, zugänglich vielleicht einer winzigen auserwählten Minderheit, die in ihrer Einsiedlerklause oben in den Wolken ihre Weisheit pflegt, während normale Menschen reichlich anderes haben, um das sie sich kümmern müssen.

Indem wir Weisheit zur seltenen Ausnahme erhöhen, schieben wir sie in unerreichbare Ferne – und brauchen uns fortan auch nicht mehr darum zu kümmern. Weisheit als wertvollen Wert zu wählen, wäre in dieser Optik gar nicht weise.

Ob es weise ist, Sie jetzt mit einem ziemlich drastischen Kontrast aus den abgehobenen Höhen wolkigen Philosophierens über Weisheit herunter zu holen, weiß ich nicht – ich tue es trotzdem, indem ich Ihnen gestehe, dass ich auf dem stillen Örtchen in dem Moment, wo ich spüre, wie erleichternd es sein kann, sich von überflüssig gewordenem Ballast zu befreien, oft insgeheim das preise, was ich die Weisheit des Stoffwechsels nenne.

Egal, ob wir an die Schöpfung glauben oder einfach das Walten der Evolution erkennen: Das Ergebnis verdient es auf jeden Fall, weise genannt zu werden. Nicht nur beim Stoffwechsel ...

Diesen natürlichen Drang zur Weisheit können wir auf unserem eigenen Pfad dahin nutzen, genügen wird er nicht ganz. Das liegt an unserer einzigartigen menschlichen Freiheit, beides wählen zu können: Ziele und Wege dahin. Und es liegt an unserer Intelligenz, denn die erlaubt es uns auch, darüber nachzusinnen, was jenseits von ihr liegen könnte. Dabei werden wir unweigerlich auf Weisheit stoßen.

Unsere Intelligenz hat uns buchstäblich weit gebracht. Wenn wir heute von A nach B wollen, können wir schnell, bequem und sicher reisen, alles in einem Ausmaß, von dem vor kaum hundert Jahren niemand träumen mochte. Und dank moderner Navigationssysteme findet sich heute auch die verborgenste Abkürzung leicht.

Für unsere Lebenspfade allerdings gibt es kein GPS. Die müssen wir immer noch selber finden und gehen, und das wird wohl auch noch ein Weilchen so bleiben.

Dabei zeigt sich der Unterschied zwischen bloßer Intelligenz und Weisheit aufs Schönste. Ein intelligentes Bürschchen wird schnell die gebräuchlichsten Wege von A nach B eruiert haben, und wenn es auch noch schnell denken kann, saust es bald wie im Fluge dahin.

Sein Gegenstück, die weise Alte, kann in Sachen Geschwindigkeit natürlich nicht mithalten. Dafür hilft ihr ihre Erfahrung, auch noch die verborgensten Abkürzungen aufzuspüren. Weshalb sie bei Bedarf immer noch schneller am Ziel sein kann als das clevere Bürschchen.

Das Schlüsselwort heißt „bei Bedarf". Denn der alten Weisen bleibt allemal genug Zeit sich zu überlegen, ob es überhaupt lohnend oder sinnvoll sei, nach B zu wollen. Kommt sie zum Schluss, das sei nicht der Fall, bleibt sie lieber zu Hause und spart sich ihre Energien für ein besseres Ziel, während unser Jüngling einfach blind drauf los stürmt, ohne einen Gedanken daran zu verschwenden, ob es sich wirklich um ein lohnendes Ziel handle. Intelligenz hilft also bei der Wahl der Wege, Weisheit auch bei der Wahl der Ziele.

Und deshalb war Weisheit auch nie so wertvoll wie heute. Wir haben bei allem Wohlstand und bei aller steigenden Lebensdauer genug Zeit und Energie und sonstige Ressourcen, um blindlings alle Ziele anzusteuern, die uns gerade so in den Sinn kommen, bloß um dann dort festzustellen, dass es dabei nicht mehr als eine langweilige Aussicht oder gar einen Haufen Müll zu finden gibt.

Wir müssen uns also sinnvolle Ziele setzen, und dafür reicht unsere Intelligenz, die eine Intelligenz der Wege ist und nicht der Ziele, einfach nicht aus. Dafür brauchen wir schon wenigstens einen Hauch von Weisheit.

In unserer Intelligenz der Wege gilt der Grundsatz, der Zweck heilige die Mittel. Das mag im Grundsatz ja stimmen, aber wer oder was heiligt den Zweck? Richtige Mittel in einen falschen Zweck zu investieren, ist sicher nicht weise und vermutlich nicht mal intelligent.

Kann man Weisheit lernen? Muss man zuerst ganz alt sein, um weise zu werden? Kommt die berühmte Altersweisheit von selbst, oder müssen wir sie aktiv trainieren? Wenn ja, wie?

Tut mir leid, ich bin (noch) nicht weise genug, um Ihnen diese berechtigten Fragen beantworten zu können. Ich weiß nur, dass Weisheit für mich immer mehr zu einem wertvollen Wert wird, im Sinne eines Horizonts, auf den ich, in Irrungen und Wirrungen, zuwandere, im vollen Wissen darum, ihn nie erreichen zu können.

Freuen kann ich mich trotzdem über jeden Schritt vorwärts.

Ich kann mir gut vorstellen, was in den Köpfen der Damen und Herren Professores vorging, die sich heute Glücksforscher nennen, als sie mit der Frage konfrontiert waren, welchen Namen sie ihrem neuen Kind geben sollten. Schließlich hängen von einer geschickten Namenswahl für ein Forschungsgebiet wissenschaftlicher Ruhm und Fördergelder ab.

Stellen wir uns diese imaginäre Misswahl vor. In die Endauswahl waren Glück und Zufriedenheit gekommen. Für die Zufriedenheit sprachen ihre Erdung und ihre Klugheit. Aber verglichen mit dem Glück hatte sie ein klares Defizit an Glamour. Die Zufriedenheit war ganz einfach zu wenig sexy, um auf den Siegesthron gehoben zu werden.

Zufriedenheit: Das klang nach alten Menschen, die ihren Ruhestand auf dem Bänklein vor dem Häuslein absaßen, ganz zufrieden mit den Brosamen, die vom

Tisch der aktiven Generation abfielen. Solche Spießigkeit wiederum kann sich diese aktive Generation nicht leisten, leistungsfähige Menschen sind nie zufrieden, das treibt sie voran.

Fragt sich nur wohin. Stetige Unzufriedenheit kann auch eine wunderbare Antriebskraft für das berühmte Hamsterrad sein.

Deswegen können wir uns fern von öffentlichen Laufstegen die Kandidatinnen der Misswahl noch einmal genauer ansehen. Dass gegen das Glück mehr spricht als die alte Weisheit „Glück und Glas, wie leicht bricht das", haben wir schon im Abschnitt über LebensQualität erkannt. Was aber spricht für die Zufriedenheit?

Es müssen gute Gründe für sie sprechen, denn alle relevanten Lehren und Lehrer der Lebenskunst haben immer empfohlen, nicht größtmögliches Glück anzustreben, sondern größtmögliche Zufriedenheit.

Der Vorteil liegt auf der Hand: Zufriedenheit liegt wesentlich mehr in unserer Hand als Glück. Aus einem einfachen Grund: Zufriedenheit ist nicht wie Glück ein Punkt auf einer nach oben offenen Skala, sondern immer das Ergebnis eines Zusammenspiels zwischen Erwartung und Erfüllung.

Welche Erwartungen wie stark erfüllt werden, hängt immer auch von externen und damit von uns unbeeinflussbaren Faktoren ab. In der Wahl unserer Erwartungen jedoch sind wir gänzlich frei, und diese Erwartungen sind entscheidend für unsere Zufriedenheit. Wenn wir von irgendetwas fünf Stück erwarten, und bekommen fünf, sind wir hoch zufrieden, wenn wir zehn erwartet haben, nur halb.

Im Laufe des Lebens lernen wir zudem, diese Freiheit sinnvoll zu nutzen, indem wir unsere Erwartungen realistischer setzen, zum Beispiel, indem wir lernen, dass im obigen Beispiel höchstens acht Stück zu haben sind. Für diejenigen mit einer zu hohen Erwartung ist das eine sinnvolle Eingrenzung ihres Erwartungshoriontes, für jene mit einer zu tiefen eine ebenso sinnvolle, weil herausfordernde Erweiterung. In beiden Fällen ist ein realistischer Erwartungshorizont der eigenen Zufriedenheit förderlich.

Solche Lebensklugheit schließt kühne Träume nicht aus, wohl aber die Fähigkeit ein, Realität und Traum unterscheiden zu können.

Diese Fähigkeit ist ebenso wie die Zuwendung zum Wert der Zufriedenheit vielleicht wirklich eine Frucht zunehmender Reife. In jungen Jahren mag genug überschüssige Energie vorhanden sein, um dem Glück oder anderen unrealistischen Zielen hinterher zu jagen. In reiferen Jahren dagegen ist es sinnvoller, seine Kräfte zu bündeln und sie für sinnvolle, was immer auch heißt realistische, Ziele einzusetzen.

Zufriedenheit ist ein solches Ziel. Während ständig nörgelnde Unzufriedenheit krank machen kann, ist Zufriedenheit eng mit LebensQualität verflochten, das eine ist nicht ohne das andere zu haben.

Zufriedenheit als Grundhaltung und Wert ist dabei nicht zu verwechseln mit permanenter Selbstzufriedenheit. Diese führt tatsächlich zur Selbstgenügsamkeit, und die wiederum macht satt und träge, was unsere weitere persönliche Evolution hemmt und deshalb kein attraktiver Wert sein kann. Ich kann jedoch ohne Weiteres zufrieden sein mit dem bisher Erreichten und dennoch zugleich bereits das Ziel ins Auge fassen, noch besser zu werden.

Ist der Irrglaube, unsere eigene Evolution wie jene der Welt könne nur durch permanente Unzufriedenheit mit uns selbst und den Verhältnissen um uns herum voran getrieben werden, erst einmal überwunden, wird es möglich, dass wir uns für Momente ganz entspannt im Hier und Jetzt zurücklehnen können, um ein tiefes Gefühl von Zufriedenheit zu genießen. Dann ist immer noch Zeit, wieder aufzustehen und uns darum zu kümmern, dass wir auch morgen wieder zufrieden sein können.

So kann ich wohlgemut damit zufrieden sein, meine Gedanken und Bilder über Werte im Allgemeinen und meine Lieblingswerte im Besonderen in eine Form gebracht zu haben, wohl wissend, dass dies immer noch besser möglich wäre. Ob Sie zufrieden sind mit dem, was Sie gelesen und gesehen haben, kann ich jetzt getrost Ihnen überlassen. Denn Sie bestimmen selbst, nicht nur über Ihre Zufriedenheit, sondern über das ganze Universum Ihrer Werte.

# Mehr LebensKunst-Impulse

*LebensKunst hat viele Facetten, und jede eröffnet ihre eigenen Perspektiven und Einsichten.*

In derselben Ausstattung ebenfalls lieferbar:

Mehr und mehr gilt:
*Ich reife, also bin ich!*
Auf dem Weg der Reifung ist Eigeninitiative gefragt, denn älter werden wir von allein, reifer nicht.

Aus Achtsamkeit geborene Behutsamkeit ist das beste Biotop für LebensQualität, um weiter wachsen zu können. Sie verdient das, denn es geht hier um *Ihre* LebensQualität.

Die bewusste Achtsamkeit für Zufriedenheit schafft einen Zustand von Seelenruhe und Seelenfrieden, was ungemein wohltuend sein kann.

Jederzeit aktuelle Informationen über diese Angebote und andere LebensKunst-Impulse im Internet:
**www.bewusstseins-elite.net**

# Mehr Bewusstseins-Elite

In diesem Standardwerk über die Bewusstseins-Elite, das erstmals ein Porträt dieser für unsere Zukunft wichtigen gesellschaftlichen Vorhut zeichnet, erfahren Sie, wer die Bewusstseins-Elite ist, was sie denkt und interessiert, und wie sie unsere Zukunft prägt.

Umfang ca. 240 Seiten, mit diversen Grafiken und elf Schwarz-Weiß-Bildern.  € 22.- / CHF 35.-
J. Kamphausen Verlag, Bielefeld.
(www.weltinnenraum.de)

Auf der Homepage **www.bewusstseins-elite.net** erfahren Sie alles über dieses Buch sowie über die weiteren Angebote für die Bewusstseins-Elite. Sie bekommen dort auch neue Impulse, können mitreden und sich vernetzen.

# Mehr Zugänge

Im Internet finden Sie mehr Informationen, Impulse und Anregungen zu diesen Themen:

**Werte**
www.sensonet.org

**Bewusstseins-Elite**
www.bewusstseins-elite.net

**Andreas Giger**
www.gigerheimat.ch